MOLDVAI CSÁNGÓ MAGYAROK

Csoma Gergely

MOLDVAI CSÁNGÓ MAGYAROK

AZ UTÓSZÓT DOMOKOS PÁL PÉTER ÍRTA

Corvina

Az utószót szakmailag Benda Kálmán ellenőrizte
© Csoma Gergely, Domokos Pál Péter, 1988
ISBN 963 13 2586 5
A kötetet tervezte: Lengyel János

Felelős kiadó: Bart István, a Corvina Kiadó igazgatója
87.201 Kner Nyomda, Békéscsaba
Felelős vezető: Háromszéki Pál vezérigazgató
Felelős szerkesztő: Balázs István
Műszaki vezető: Szilassy János
Műszaki szerkesztő: Lengyel János
Művészeti vezető: Mayer Gyula
Megjelent 16,83 (A/5) ív terjedelemben, 1988-ban
CO 2682-h-8892

Dr. Petru Groza emlékére

Ez a könyv a régi Etelközben
élő moldvai csángó magyarokról
szól. Azért készült, hogy
emlékük megmaradjon.
(Csoma Gergely)

*Lakatos Demeter**

Mesze ot hul nap szentul le

Megfog vala apóm szokcor
Kezemtül
Miciszavala[1] hul a nap
Leszentul[2]
Mangyavala dzsermek latud
Ot nini
Mesze ot hul nap lebújik
Moszt nini
Ot vagyand egy nod szip urszág
Tud meg tisz
Megjárd ot az világodand
Ha leik risz[3]
En elmenek maszt, viny vagyak
Nem ura
Ne feleisdel en tanitlak
Sak ioro[4]
Det[5] meghult, okorisz monto
Halálnál
Mit montom iltembe ne
Feleisdel
Riut[6] det monto basu[7] nekem
Ereki[8]
Myha maszt i látam mind folnak
Kunuji[9]
Monto nekem en nem tutom
Mosztonig

Elig hogyaz ü tize maszt
Belim ig[10]
Nem feleitem el szoho szem
Apómat
Kishike det voltam nekem
Mit mondot
Ot vagyand a mük országunk
Tud meg iul[11]
Ot hul a nop minden eszte
Leszentul

(*Csángó strófák*. Budapest, 1986. ELTE-kiadás)

* Lakatos Demeter 1916-tól 1977-ig élt Szabófalván.
Ő volt a csángó magyarság egyetlen – autodidakta – költője.
Verseit északi csángó nyelvjárásban írta.

[1] mutatja vala
[2] lenyugszik (a nap)
[3] ha részed lesz benne
[4] csak jóra
[5] amikor, mikor
[6] sírt
[7] bácsi
[8] örökké
[9] könnyei
[10] belém ég
[11] jól

»Katrincába« (kerekítőbe, lepelszoknyába) sírített »buba«.
Ha az anyának ki kell szaladni az állatokhoz, vagy dolga akad a ház körül,
akkor a gyermeket katrincába tekeri és »bernyéccel« (színes, szőtt női övvel)
köti át, hogy baja ne essék.

»Buba« a nagytestvérével.
A mélyen katolikus csángó magyaroknál sok gyermek születik. Az eldugott falvakban élő asszonyok gyakran a bábaasszony segítségével vagy egyedül szülnek.

„Né, hogy paciltam (jártam) »cinkámmal« (kislányommal), evvel Máriskámmal. Mikor vettem számát, hogy jő e baj, kulcsoltam bé ajtókat; kölkök ne jöjjenek bé – ott voltak skólában, ahol taníccsák őket »tanácsolni« (beszélni) oláhul. Vettem ollót, gúnyácskát, vászonnal dugtam bé ablakokat. Csak kuporogtam le, s mikor megvolt e baj, köttem el a köldökit. Előbb meghurkolom, kötöm meg a bogot, utoljára vágom el, ne vérejzen! Asa. Mikor jöttek meg a gyerekek, csak lapultam ott a búbocskámmal.”
(Külsőrekecsin, 1985. D. J. R. 47 éves)

Nagymama »cinkával«

Leánya »bubáját« rengető
nagymama.
A gyermeket »tekenőbe« teszik, úgy
rengetik. Régen, ha mezőn dolgoztak,
fonalat kötöttek a »tekenőhöz« és
munka közben úgy rengették az
árnyékba lerakott »bubát«.

Tavasz egy Szeret menti csángó faluban

Szombat esti mise.
A legjelentősebb tavaszi ünnep a moldvai csángó magyaroknál a Húsvét.
Reggel »megmosódnak« verestojással, hogy egész esztendőben veresek,
egészségesek legyenek. „Regvel mind csak béteszik egy vederbe a tojást,
vereset, s osztán avval mosódik meg. Élő napja legyen! Vízvel, avval.”
(Somoska, 1981. D. M. M. 17 éves)

Tűzszentelés.
A mise végén gyertyát gyújtanak, háromszor megkerülik a templomot.

A hétfői misére igyekvők egy verestojást tesznek a kántor elé. A jászvásári papneveldében tanuló csángó gyerekek élelmezését egészítik ki ezzel. A »viaszval megírt« tojásokat megtartják maguknak.

Kolindáló (éneklő) kislány, hétfőn.
„Húszvétkor kolindálnak. Gyerekek.
Négyen, ötön, ketten, fel tízig! Vannak
rakászba, sz mennek. Jönnek bé,
»kicsánnyuk« (kinyitjuk) a kaput, »kucsát«
megkösszük – ne marja meg, mert ha nem,
nem jönnek bé, sz mongyák: Dicértesszék!
Ha nincs leány, aggya édeszanyja kalácst,
biszkuricát. Vesznek egy tarisznyát vagy
pungát, sz ameliket nem tuggyák megenni,
rakják bé, sz viszik haza. Adnak mászkor
»tyukmonyt« (tojást), veresztojászt mikor
járnak kolindálni.”
(Bogdánfalva, 1979. B. J. M. 55 éves)
A déli és északi csángók „s” hang helyett „sz”-t
ejtenek.

Hétfői mise

Hétfő délután tánc estig.
Régebben saját zenészeik voltak,
kobzával, »csimpolyával« (dudával),
»szültüvel« (furulyával) zenéltek.
Ez megszűnt, most már
cigányzenészeket fogadnak
a legények. Martin György szerint
a csángók hangszeres zenéje és tánca
teljesen a moldvai románság hatása
alá került. Kevés táncuk – a lapos
magyaros, magyaros – erdélyi
kapcsolat emlékét őrzi.
(Martin György: *Magyar tánctípusok és
táncdialektusok.* Budapest, 1971.)

Egy-két faluban csárdást táncolnak.
Húsvét után egy héttel tojást
cserélnek a leányok, asszonyok.
„Úgy mongyák aszt a vaszárnapot,
hogy mongyák, mátkázóvaszárnap.
Akkor vesszük a »tyukmonyt« sz
akkor vaszárnap délután »válcsuk
össze« (cseréljük ki). Ő aggya ide az
övét, úgy ki van írva. Sz aszt
»megcánnya« (megcsinálja), sz aggya
oda, sz esszük meg. Akkor vagyok
»keresztke« kölkök »vérje«,
a nagyleányok mongyák: mátka.
Sz itt nem mongyák nevit! Mongyák
»keresztke«, vészár, mit hogy akar."
(Rokoni kapcsolat jön létre közöttük.)
(Bukila, 1977. B. L. R. 18 éves)

Játszó gyerekek

A tavaszi hideg ellen védelmet nyújt
a szőttessel takart ágy

»Esztena« (juhakol) a faluszélen.
„. . .a gyapjú előteremtése, illetve a juh
tenyésztése – különösen újabban, a házon
kívül – a férfiak dolga" – írja Szentimrei
Judit az 1981-ben megjelent *Moldvai csángó
népművészet* c. könyvében (Kriterion).
A moldvai román és csángó magyar
juhtartás számos azonos elemet mutat.

Búcsúba tartó család.
A falusi ünnepek között jelentős helye van a búcsúnak. A búcsút a templom
névadójának napján tartják, illetve a naphoz legközelebb eső vasárnap.
Több hónapig gyűjtik az élelmet, hogy a közeli vagy távoli falvakból érkező
»nyámokat« (rokonokat), barátokat ellássák.

„Amikor búcsú van, jönnek zemberek
többi faluból, asszonyok es. Jönnek
minden helyről, jőnek Csíkból es, há
izé, Gyoszénből is. Hát, izé, ha van
nyámságuk (rokonságuk), mennek
oda, ha nincs, úgy es elhívják!
Vannak templomnál, ha üsmeri híjja
el hezza, ha nem, híjja el más, s ha
nem híjja menen haza. De kapnak.
Na, akkor kezdődik a mise, mikor
fixálja a pap. Künn mongyák, nem
benn a misét. Há! Rom200ányul.
Gyónni oláhul kell. Rom200ányul.
A pap, hogy tetszőggyék, ótálra áll
föl. Úgy."
(Somoska, 1981. D. M. M. 17 éves)

A búcsúsház a gazdával

„A háznál ott esznek-isznak, s menen el részegen az ember, s telik el a búcsú.
Van ojjan ember es, hogy aluszik a sáncba. Sok italságtól.
Száll fel a fejibe az ereje a bornak."
(Somoska, 1981. D. M. M. 17 éves)

A búcsúsház szőttesekkel, »kendőzőkkel«, »szervetekkel« (szőtt keszkenő) díszített fala. A padon »városi buba« csángó viseletbe öltöztetve.

Máriafalva (Lărguţa) határában felállított feszület.

Vésete magyar, szövege: Jézus Szent.

Kevés magyar feliratú kereszt található már Moldvában, gyakran a nemzeti-vallási türelmetlenségnek estek áldozatul.

„...1940–44 között Şutzu volt a községi bíró (Lujzikalugarban), s a pap javaslatára eltávolíttatta a falu határából a magyar feliratú kereszteket..." – írja Kovács György 1950-ben.

(*A szabadság útján. Moldvai csángók között.* Megjelent a RNK Írószövetségének Irodalmi és Művészeti Kiadójánál.)

Iskolás lány.
A csángó gyerekek a Magyar Népi Szövetség, a Közoktatásügyi Minisztérium, a Román Munkapárt irányításával és szervezésében 1947–1955-ig jártak magyar nyelvű iskolába. A legutolsó magyar iskola 1960-ban Lészpeden szűnt meg. 1952–53-ban 13 csángó faluban magyar óvoda működött.

A moldvai magyarság történetében az 1947–55-ig tartó időszak volt az, amikor a gyerekek magyarul tanulhattak. Már Petrás Incze János (1813–1886), a Klézsén meggyilkolt lelkész megírja Döbrentei Gábornak 1841-ben: „Azokat pedig, kik nyelvöket el felejtvén, magokat pedig mais minnyájan Magyaroknak vallani dicsiretnek tartyák, nem kerülne talán legyőzhetetlen fáradságba, vissza magyarosítani, ha legalább minden faluba a' nagyobbak közül czélszerű Iskola állítathatnék..."

A magyar nyelvű iskoláztatást jelentős összeggel támogatta a Groza-kormány. „1949 nyarán három új iskolaépület építéséhez fogtak hozzá a falvak dolgozói, ezek közül egyet Lészpeden, egyet-egyet Somoskán és Vladnikon (Lábnyikon) építenek. Minden egyes új iskolaépülethez az állam mintegy másfél millió lejjel járul hozzá."

(Kovács György: *A szabadság útján*. 1950.)

Ma a gyerekek tíz évig járnak iskolába. A román nyelv mellett angolt, franciát és néhol oroszt tanulnak.

Leányka gyöngyökkel díszített
kiskecskével

Leányportré

Nagyleány vacsoraosztás előtt

Nagyleány »guzsallyal«.
Míg a moldvai románok az övükbe
szúrják a guzsalyt, a csángó leányok
és asszonyok a térdük közé fogják.
Lükő Gábor szerint csak Adjud és
Roman környékén szúrják övükbe.

Testvérek gyapjúkabátkában

Jellegzetes családi kép.
Két gyermek iskolában van, így nincsenek rajta a képen, egy csecsemőkorban
meghalt. Az egykor magas csecsemőhalandóság csökken.

Leánytestvérek

A pünkösdi búcsú az egyetlen lehetőség a moldvai csángó magyarok számára, hogy anyanyelvű misét, imát hallhassanak, magyarul gyónhassanak, és kapcsolatot tartsanak az erdélyi magyarokkal. A péntekről szombatra virradó éjt folytonos éneklés, imádkozás közepette a templomban töltik.

A moldvai csángó magyarok
legnagyobb vallási ünnepe
a csíksomlyói pünkösdi búcsú.
Orbán Balázs így ír: „Somlyó
főnevezetessége azonban
a ferenczesek kolostorához tartozó
templom; e templomot pedig
ünnepeltté a pünkösdi búcsúk
tevék, mely búcsúk, mint fennebb
látók az 1556-ban, János Zsigmond
seregei felett kivívott győzelem
emlékére szerveztettek…
A főoltáron foglal helyet Somlyó
fő nevezetessége, a csudatevő
Mária-szobor, egy gazdagon
aranyozott, byzanczi stylban
készült régi faszobor, mely ezelőtt
sírt, beszélt s nagyszerű
csudákat tett."
(A Székelyföld leírása)

1838-ban Szepesi püspök említi, hogy 200 évvel azelőtt a moldvai magyarok Bálványos Havasát átadják Somlyó Egyházközségének háromnapi szállás és élelem fejében. A magyarok Moldvából 1567 óta jönnek folyamatosan. Bándi Vazul 1898-as *Értesítő*jében írja, hogy a somlyói gimnázium igazgatójaként tanítványaival a csángók elé ment egészen a Szépvíz fölött álló Szent László-kápolnáig. Ők vezették be őket, és a moldvai magyarok alkották a zárókeresztalját a felvonulás végén.

(Domokos Pál Péter közlése)

„A búcsújáratok központja a Kis-Somlyón levő Salvator, népiesen Silator-kápolna..." (Orbán Balázs.) Itt várják ének- és imaszóval vasárnap hajnalban a Nap feljöttét. A moldvai csángók hitük szerint a fölkelő napban a Szentlélek képét látják galambként röpködni.

A Salvator-kápolna előtt
álló búcsúsok csoportja.
A csángó asszonyok az
ötujjú virágot vagy Jézus
ujját gyűjtik, otthon
gyógyteaként használják.

Napbanézés

Vasárnap reggel a búcsúsok
egy csoportja

A Jézus-szobor megcsókolása

A Salvator-kápolna oltára előtt

A búcsújárók térden csúszva háromszor
megkerülik az oltárt.

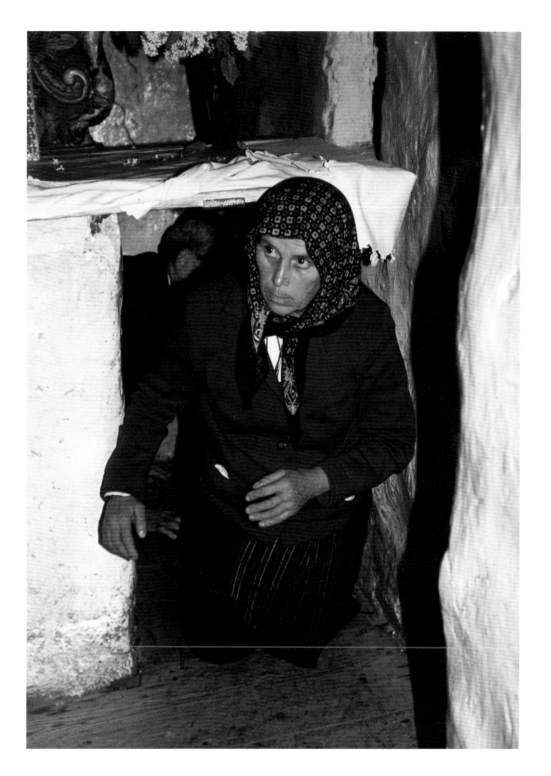

Nagyleány

Testvérek

Ebéd.

A leggyakoribb élelem a »málé« (puliszka). Ha kenyérhez nem jutnak hozzá,
málé akkor is mindig kerül az asztalra. Húsfélét ritkán fogyasztanak, csak
ünnepnapkor, vagy ha vendég érkezik a házhoz. Ilyenkor »pislent« (tyúkot)
vágnak. Gyakorta esznek levest. A Szeret menti Trunkon halásznak.

A »héjuból« (padlásról)
készült kép.
Öregasszony munkába menet.
A moldvai falvak túlnyomó
többségében »kollektív«
működik.

Rőzsegyűjtő asszony.
Térdéig érő ingben és »katrincában«.
A moldvai csángó férfi-női viselet
a délkelet-európai ősi viselet emlékét
őrzi. A román, bolgár, ukrán
viseletre hasonlít. A moldvai
magyaroknál a hetvenes évektől
kezdődött csak a »kivetkőzés«,
a ruhaváltás.

Földjén kapáló öregember.
A férfiak a »kollektívben« nem jutnak
elegendő munkához, így a városon
dolgoznak, többnyire
segédmunkásként. A földmunka
az asszonyokra, az iskolás gyerekekre
és az öregekre hárul.

Hazatérés a mezőről.
Az asszony vállán szőttestarisznya.
Ennek szövése, színe, mintája
falvanként változik.

Öregasszony

Csíkban felállított kereszt Szent Márton püspök tiszteletére

Hívogató legényke egy idős rokonnál.
Az esküvőre régen virágos pálcás legénykék hívták a vendégeket.
„Régebben, kit meghíttak menyekezőre, tettek egy »szervetet« a vállára."
(Szászkút, 1983. Anonym.)

Legényke édesanyjával.
Az áramszünet idején jó szolgálatot
tesz a régi lámpa.

Legényportré

Megellett a malac.
A gazdasszony a »pózás« (fényképész)
»igéző szemétől« védi a malackákat.

Lakodalmi előkészületek. A vendégek ellátására disznót vágnak. Megesik,
hogy éjjel, titokban, a szomszéd falvakból borjút vesznek és hajtanak haza,
hogy legyen elegendő hús. „Vágnak borjút isz, de nem lehet! De muszáj.
Milícián őrizi. Ha béperlik, fizetik meg. Végeznek velük. De elvágják
az állatot. Az »állászba« (csűrbe). Hamar kell, ne halljék hírt.”
(Bogdánfalva, 1979. B. J. M. 55 éves)

A »pitán« (kukoricalisztből készült sütemény) készítése.
Kukoricalisztet megöntöznek forró vízzel, egy-két órát hagyják dagadni, majd formába teszik, a tetejét tejeslisztes péppel megkenik, és egy órát sütik.

Ahol nincs elegendő hús, ott tyúkot is vágnak.
Az ételkészítéshez a rokonok, szomszédok, mátkák jönnek át segédkezni. Külön készülnek a »nyirásza« (menyasszony) és a »nyirely« (vőlegény) házánál.

A »nagykeresztapa« (vőfély) által elbúcsúztatott »nyirely« a templomajtóban találkozik a »nyirászával«.

„Osztán elbúcúznak apjától sz anyjától, sz mennek miszére. Ott van egy ember, melik ezt mongya. Sz búcúznak, sz bőg a nyirásza, sz annya isz, sz az ember búcúztassza."
(Bogdánfalva, 1979. B. J. M. 55 éves)

„Pap megeszketi. Rományul prédikál, sz oszt szentséget. Úgy mongyák nuntába (esküvőkor) a miszét. Van ki érti. Oláhul, há, rományul. Sz osztán hazajönnek... sz mikor jönnek, jő egész emberek."
(Bukila, 1979. B. J. J. 57 éves)

A mise után a vőlegényt édesanyja várja a kapuban, lába elé búzát szór s bort loccsint, lábára pénzt tesz (hogy örökké borban, búzában, pénzben tapodjék a lába). A templom után a menyasszony, vőlegény külön-külön a szülői házhoz tér vissza a zenészekkel és a falusiakkal.

A vendégek »megetetése«.

Legfontosabb étel a galuska és a sült. A galuska a töltöttkáposztára hasonlít, de a töltelék jóval kisebb; gyakran szőlőlevélbe csavarják. „Nálunk nuntába (esküvőkor) tesznek hamarébb pálinkát, mászlint, szajtot – az moszt ninc, de volt hamarább, sz túrót, borcsot, galuszkát. Sz az utoljára teszik e sziltet, friptúrát. Szilt húszt. Vetik bé kemencébe, ott megszil ott, sz veszik ki."
(Bukila, 1981. B. J. R. 21 éves)

Az evés és tánc után szekerekkel indulnak a »nyirászáért«. Az asszonyok közül sokan »hujjogtatnak«.

> „Az én uram úgy szeret,
> Még az ágyból es levet,
> Hujujuj."

(Lécped, 1984. P. I. E. 65 éves)

> „Édes uram, be jó Kend,
> Be jó bort adott vót Kend,
> De ha adna máskor es
> Megcsókolnám százszor es
> Hujujuj."

(Lécped, 1983. S. P. A. 62 éves)

A lányos háznál bezárják a kapukat, át kell mászni a kerítésen, mert rejtik a menyasszonyt. Több leány beöltözik menyasszonynak, úgy kell megtalálni az igazit. Kint az ifjú pár háromszor megkerüli az udvart, majd a búcsúztató asztalnál a nagykeresztapa elbúcsúztatja mindkettőjüket. Egy kancsó bort isznak közösen, a fele pohár tartalmát a vőlegény és a menyasszony hátralocsolja. „Minden baj maradjon hátra!"

(Somoska, 1986. D. M. J. 25 éves)

A szekerekkel indulnak a vőlegény házához, de előtte a keresztapa eltöri a lakodalmi kalácsot s megeszik. Itt viszik a menyasszony »észréjét« (hozományát), szőtteseket, ingeket stb. A ház kapujában a vőlegény édesanyja várja a menyasszonyt. Lányává fogadja, ajándékokat cserélnek. Majd láncszerűen összefogódzva, táncolva bemennek a házba. „Szászkúton, az első nap, mikor a nyirely házához elviszik a menyasszonyt, négyen megfogják a székre ült örömapát, örömanyát, búsapát, búsanyát és megtáncoltatják. A nyirásza apja, anyja a búsapa, búsanya. Rendre hát. S közben hujjogtatnak."

(Felsőrekecsin, 1986. I. I. A. 72 éves)

A vőlegény apja a nász, anyja a nyoszolyó
a lakodalom után

Az esküvő második napján este, evés közben és tánc előtt egy tésztából »csánt« madárkát hordoznak körbe, erre teszik az ajándékokat. „Adnak parát (pénzt), dárokat (ajándékokat). Ki akar adni. Leány esz asszony esz, melikek akar. Osztán melik akar, még elmarad. Lehet regvel esz, ellehet. Melik akar. Osztán mászodnap, hétfőn vagy kedden anyja, apja, tesztvérei isz vetnek. Adnak dárokat. Osztán végeznek, sz kész »menekező« nuntával."
(Bukila, 1979. B. J. J. 57 éves)

Nagyleány a »szóba«
(tűzhely) mellett

Ha nincs dologidő, nyáron is
szőnek az asszonyok

A mezei munka mellett városi
bérmunkát is végeznek

Zabcséplés.

„Mikor kicsi leány vótam,
Zabaratni járogattam.
Zabot nem tudtam aratni,
Kiévét nem tudtam megkötni."
(Klézse)

A cséphadaró nyár végén
mindennapos látvány Moldvában.
Régebben használtak lovat is. „Állva
ült közepett, hol vót a karó. Osztán
örökké vezette, csapta a lovakot,
hogy menjenek. Sz a lovak mentek
szerényen esz mászkor... Az úgy
jött ki utána, mint a pelyva. Osztán
hányták fel, mikor végeztek, nagy
lapátokval, olyanokval, hogy fújja ki
a szél."
(B. M. Trunk, Gazda József: *Így tudom, így
mondom*. Kriterion, 1980)

Magas »tőtészen« (töltésen).
Az asszony a kicsépelt magot tisztítja.
Szór. A mag az üstbe, míg a pelyva
mellé esik.

Szent Péter tiszteletére állított kereszt
Felsőrekecsin közelében

Szilvaszedő gyerekek.
A gyermekek korán részt vesznek
minden ház körüli munkában.

Szilvalekvár főzése.
A tűzhelyeket, »szóbákat« (kályhákat),
amik főzésre is szolgálnak télen,
agyagból »csánnyák«.

Nagyapa »nepotjával« (unokájával)

Nagyanya a megkeresztelt »cinkával«
(kislánnyal).
„Béviszik a templomba, ott páter,
pap, mond mit mond, s mongya,
én nem tudom, s homlokát megkeni
ojannak olajjal vagy mivel, szentelt
vízvel, há! S viszik haza, adnak
dárokat kicsikének, ajándékot.
S vannak keresztapjai, két pár, vaj
több, még több es lehet, kiket hiu
az apja, s ki elmenen."
(Somoska, 1981. D. M. M. 17 éves)

„A gyermekek keresztelő keresztapja mongya: »Há pogányul elvittük, sz hitre hazahoztuk.« A keresztanyja esz mongya, de nem hengergetik mifelénk."

(Bukila, 1982. B. J. J. 60 éves)

A »kendezők« kimosása, szárítása.
A díszesebbeket esküvő vagy gyász esetén
használják.

Az utcára, vendégségbe a kerpát letakarják a »ruvával«, »kerparuval« (hernyóselyem fejkendő).
A székelycsángó asszonyok régebben a csíki székelység csepeszével majdnem megegyező, régiesebb főkötőt hordták.

Öregasszony »gecába« (hátul kerekre)
kötött hajjal, rajta kerpa

Halottak napja a temetőben.
„Halottak napján szüttünk kalácsot, ételt, sz vittük valakinek, hogy
megemlékezzék az elholtról. Páter csánt prohodokat a keresztnél. Fizettünk,
sz mondott imádcságot keresztnél. Gyújtanak gyortyát. Nálunk isz igen."
(Bukila, 1982. B. L. R. 26 éves)

A »kollektív« tehenei

Öreg házaspár.
A férfi még a hagyományos csángó viseletet hordja: kívül hordott »pendelyes« ing, széles, veres »ő« (öv) a derekán, alul gatya, »gadzsa« vagy lábravaló. A lábán bocskor.

A kilért (kamrát, *itt* konyhát)
és a házat elválasztó szóba (kályha).
A repedéseket az asszony sárral
„sikárolja".

A férfi juhbőrből készült kicsi hétköznapi mellrevalót visel. Ünnepnapokra a színes fonallal hímzett »keptárt« (bőrmellényt) használják.

Asszony 1805-ös kiadású
énekeskönyvvel

Asszonyportrék.
A csángók családi életének központjában
az asszonyok állnak.

„Ha verődik a szeme, ha bal verődik
rosszra, ha jobb jóra."
    »Kék szem, zöld szem
    Megnézte, megigézte,
    Szentlélek Úristen
    Vigasztalja.«
(Lécped, 1986. S. P. A. 65 éves)

„Egy kanna vízbe béhány valami
szeneket, háromat vagy kilencet,
sz egyebet nem tudunk szemmit.
Az igézettől védik a gyermekecskét."
(Bogdánfalva, 1979. B. J. M. 55 éves)

„Ha viszket a keze, kap parát (pénzt).
Úgy-e? Magiknál es? Jobb, ha viszket,
kapok, s izé, ha bal viszket, adunk.
Ha pillog az ember szeme, kap verést.
Annak, ameliknek pillog. Ha kifol
a pohárból a bor, vaj pálinka, akkor
megrészekszik. Én ezeket mondom, nem
tudom részekszik meg-e, vaj nem? S ha
csiklik, akkor emlegeti valaki. S ha lépik
ki e házból, kimenen künn, s térül meg,
visszajő, hogy elfelejtett valamit,
uttyából visszatérül, akkor nincs
szerencséje. Macska menen keresztül
az úton, s egy ember vaj mi, menen
az úton el, s ha meglássa, hogy menen
keresztül, meg bírja tériteni, akkor nincs
semmi baj, menen nyugodtan elé. S ha
nem bírja visszatériteni, akkor menen
tizenöt metret vissza, s megvárja, hogy
jöjjön el más, az lépje átul. Vödör,
az es csak úgy, ha telivel, akkor van
szerencséje, s ha üresvel, akkor nincs."
(Somoska, 1983. D. M. K. 57 éves)

Pénteki imádság:
      Én felkelék zén »ádzsamból«,
      Felnézek nap keresztyire
      Meglátám Szűz Máriát
      Szűz Mária siért.
      Minek sirtc,
      Minek sirtc?
      Siratom a fiamat,
      Három héttől nem láttam
      Vas kestyükvel megsapdozták,
      Vas ostorokval megverték
      Vas zulicákval béütték,
      Ki elmondzsa minden pénteken
      háromcor
      Menyország kapui kisánulnak
      Pokol kapui bésánulnak.
(Lujzikalugar, 1986. Sz. M. M. 12 éves)

Idős házaspár

Nyugdíjas asszony.
Az asszonyok csekély nyugdíjukat
a »kollektívtől« kapják.

Bábaasszony: a falusi társadalom
orvosa

„Illien betegágyaszoknak hat napra,
hét napra csántam én feredőköt,
mind csak úgy csántam, bétakartam
lepedővel, sz mikor meghűlt
akkorára, a beteg költ fel, sz ült belé.
Osztán amellik kikőtt abból
a feredőből, aztot dörgöltem meg,
sz köttem meg egy »ővel« (övvel),
a gyermekágyasz asszonyokat.
A méhire, úgy tesznek. Sz így
mászkülönben mondom a tiszta vizet
főzik meg a betegnek, mellikek
kihűlnek."
(P. I. E. Klézse; Gazda József:
Így tudom, így mondom. Kriterion, 1980)

Balladaénekes asszonyok. Moldva a leggazdagabb népi énekesekben, még ma is. Mikor a körülmények lehetővé tették, rendkívül gazdag anyagot gyűjtött itt Domokos Pál Péter, Jagamas János, Faragó József és Kallós Zoltán. A legelső magyar népdalgyűjtő a moldvai Petrás Incze János, aki „Rokonföldi" álnéven küldte tudósításait a *Magyar Nyelvőr* számára, és kiemelkedő szervező munkát végzett a moldvai magyarság megmentése érdekében. A Szent László Társulat anyagi eszközökkel támogatta az etelközi magyarokat. Petrás az igényeket kutatta fel, és az elosztásban jeleskedett.

Nagymama unokáival

A meleg kályha nyújt menedéket az őszi hideg ellen

Férfi magyar bibliával

„Vannak ojjan »kicsikecske« (picike)
könyv, de van nagyobbacska is.
Kátekizm. Oszt olvassza ki tuggya.
Vannak ullanok, öregek, gyetot
(nagyon), gyetot! melik érti, hogy mit ér
e világ. Lehet legyen vagy egynek,
kettőnek. Gyetot öregek. Szok időtől
vannak. Úgy mongyák Biblia.
Sz olvasszák, melik nem heába nézi nem
érti. Ezelőtt az öregek tanultak magyar
írászt. Lehetnek vagy hetven
esztendőszek."
(Bogdánfalva, 1979. B. J. M. 55 éves)

Az utolsó kobzás

Téli reggel

Gyerekek az ágyban.
A hideg miatt »falhúzóval«
(faliszőttessel) takaróznak.

A borospince bejáratánál.
Az ajtó nyitására »fakócsot«
(fakulcsot) használnak.
Régebben a bort méhviasszal
bekent hordókban elásták,
évekig tartották „úgy”.
„Főd csán meg mindent.”
(Trunk, 1986. R. I. M. 50 éves)

Halászat Trunkon

Siratót éneklő asszony, táncoló férfi.
Moldvában a halottsiratás napjainkban is élő hagyomány. A női rokonok
siratóznak, nagyon ritkán a férfiak is. Énekelve búcsúznak az elhunyttól.

Megéneklés vagy virrasztás.
A halottas háznál gyűlnek össze. A megmosdatott, felöltöztetett holttest körül
foglalnak helyet. Mindenkinek életében meg kell mosdatnia valakit, s ki kell
kísérnie.

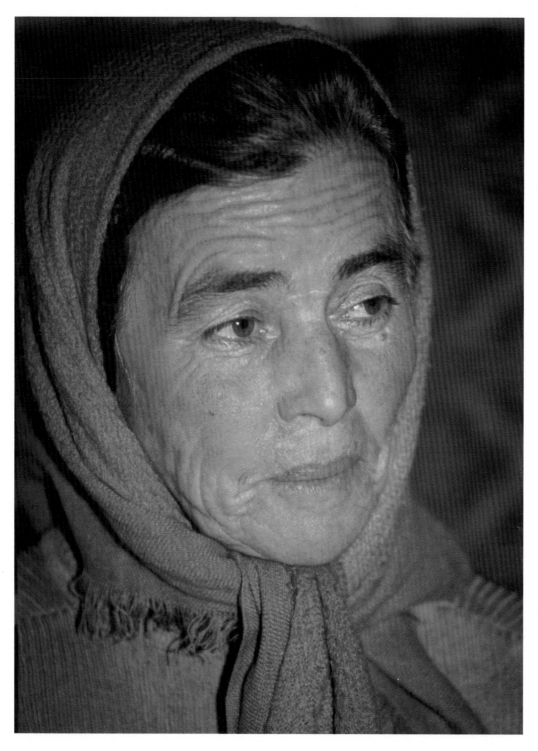

Virrasztó asszony az északi
csángóknál.
A halott körül imádkoznak, énekelnek
a kántor vagy egy jó énekes
vezetésével. A férfihalottat kalap
nélkül, asszonyt régebben kerpával,
most kendővel ravatalozzák föl.
A halott kezébe »kóbrikot«
(kalácskát), gyertyát, kicsi pénzt vagy
olvasót tesznek.

Siratózás az udvaron.
A halott fejéhez csak a sirató rokonok
ülnek.

Gyászolók

A szőttessel borított koporsó

„Temetészkor a párnába, mit tesznek
a feje alá? – moszt isz úgy, szentelt
virágot. Mit nyáron gyűjtenek
a mezőn. Ojjan forgáccsal, gyalulással
vegyítik össze. Azt auguszt
tizenötödikén, Szűz Mária napján
a pap megszenteli. Mindenkinél egy
kicsikecske vagyon. Ollan virágot,
fodorkát, Szent Antal virág, ollan
féléket visznek oda, sz oszt
megszenteli páter, sz kész.
A fodorkából, lómintából főznek csájt
(teát). »Mente« (menta) íze van,
erőszt, erősz. Ojjan illatja van annak
a virágnak!
Akkor, mikor meghalt az ember,
szomszégyjai, a nyámok (rokonok)
teszik bé a párnába. A nemzetek.
A feje alá tettek virágokat. Moszt halt
meg a legényke két hete. Aszt esz
csak úgy! Megoperálták, de meghólt.
Huszonöt esztendőt nem töltött bé!
Úgy szokták, úgy vegyítik, bé teszik,
megfürösztik. Az embert teszik bé az
emberek, az asszonyt a népek.
Az asszonyok timjénnel füsztölik
meg. Meg szurokval, ami nő
a fenyőfán. Mindenütt úgy csánnyák.
Nagypatakon, mindenfelé. Ezek
a katolikok úgy csánnyák."
(Bukila, 1982. D. J. L. 55 éves)

A »nyámok« (rokonok) csoportja

Siratóasszony Frumószában

A templomi zászlókat »szervetekkel« (szőttes keszkenőkkel) díszítik

A halott kihozása.
A holttestet mindig lábbal kifele viszik ki, nehogy visszajárjon »lüdérckedni«.

A szőttessel és szentelt virággal bélelt koporsó felrakása a szánra

A koporsó a Szent Mihály lován van már.
Asszonyt temetnek, asszonyok viszik be társukat a templomba.

Moldvában szláv és román hatásra a katolikus halottat is nyitott koporsóban
viszik a templomhoz, majd onnét a temetőbe. Kivételt csak nagy esőzés,
havazás idején tesznek.

A gyászmise

A templom ajtajában román nyelvű imaszó fogadja a gyászolókat.

Temetési menet a falun át

Asszony temetésekor asszonyok viszik a templomi zászlókat és a keresztet.

A temetési menet a mezőn át halad a temető felé.
Az elhalt ruháit »isztenébe« (ajándékba) adják, elajándékozzák.

Egyedül

A vőlegényként meghalt Szabó Pál sírja Klézsén.
A sírbatétel végét nem várják meg. Szétszélednek a temetőben, ki-ki megkeresi hozzátartozója sírját, és újra siratóznak.

„A hivatalos családnevet a pusztinaiak román névnek nevezik, mivel csak a román hivatalos okmányokban fordul elő... A nevek elrománosítása 1920-ban kezdődött. A helynévként előforduló családnevek megőrizték eredeti formájukat."
(Gunda Béla: *A moldvai magyarok néprajzi kutatása.* Néprajzi füzetek, 1984)

„Mondanak misét, Klézsen a temetőbe es, délután, osztanak gyertyát a temetőben, fizetik meg pátert, aki imádkozik a sírnál."
Minden halottért öt lejt kell fizetni.
„Ír egy íráskát, s teszi fel e neveket."
(Somoska, 1977. B. F. A. 72 éves)

Legény »keptárban«.
A ház jellegzetessége a »kertelt« (sövényfonású) töltés.

A »guzsalyas« (fonó) emléke.
A leányok összegyűltek egy háznál fonni, egy idő múlva
megérkeztek a legények, tréfálkoztak, ismerkedtek,
játszottak. Napjainkban a hagyományos életforma
felbomlásával ez is megszűnt.

"Elindulék este guzsalyasba,
Elindulék este guzsalyasba.
Megtalálám János szeretőmvel,
Megtalálám János szeretőmvel"

(Lujzikalugar)

Ház télen.
A csángóság évszázadokon át náddal fedett boronaházakban élt, majd fa híján
elterjedt a tekercsfalú építkezés és a vályogtégla használata. A nád-, később
szalmafedelű házakat tűz ellen ganéval fedték, újabban terjed a fazsindely és
a bádog használata. A falakat sárral »sikárolták« (tapasztották).

»Juhószületés« az »esztenán«.

A csángó magyarok szoros lelki közösségben élnek állataikkal. Megtörtént, hogy a tehén testéből élettelenül kicsüngő borjút a gazda szájon keresztül, mesterséges légzéssel mentette meg az életnek.

Karácsonyi előkészület
a »tiszta házban«.
Nappal mennek a gyerekek a faluban:
„Korindálnak huszonötödikén nappal,
mongyák: »Dicsértessék Jézuskának
szent neve«, s búcsúzáskor:
»Mindörökké«. Este mennek
énekelni, magyarul és romániul
szenténekeket fújnak.”
(Felsőrekecsin, 1986. D. J. R. 48 éves)

A Betlehemezést elfeledték. Domokos
Pál Péter közöl még Onyestről egy
szöveget 1931-ben. Ma így beszélnek:
„Ezelött esztendővel elmentek
Karácsony regvel kolindálni. Moszt
nem tudódik, hogy lesz. Ezelőtt
szüttünk kalácsot. Karácsony
negyedik napján mentek
aprószentekelni. Vesszővel.
Almavesszõ, ollan piroszasz, meliket
nem óltcsák.
Bémentek a házba, sz monták:
Dicértesszék Szent Jézus, Jézusnak
szent neve, aprószentek Szent Dávid,
üsmerje egésszégvel, békesszégvel,
szok jó szerencsével. Ekkorát
mondtak. Adtak egy-egy kóbrikot
(kalácsot)...
Újesztendő szenvedején énekelnek.
Hamarább vagyon régi esztendő,
a mászikon az új. Éneklik Jézusnak
születészinek énekeit. Éneklik
magyarul isz, mint régen, szok ideje,
hogy kaptuk apánktól, moszt
magyaroszan isz, meg oláhoszan isz.
A fiatalabbak rományoszan.”
(Bogdánfalva, 1979. B. J. M. 55 éves)

Karácsony este

Újesztendő napján Dózsában

Újesztendő estéjén hejgetnek. A hejgetés a magyar regölésnek felel meg.
Több faluban (Klézse, Lujzikalugar, Gajcsána) a hejgetést »urálásnak«
mondják. „Szabad-e gazda urálni? Dobval, csengettyűvel s bikával? – Szabad.
[Ostorral is mennek.] Béhívja: Hájtok bé! (Gyertek be!) [Megtiszteli borral,
pálinkával.] – Táncoltassátok meg a medvét! [Kalácsot, parát (pénzt) adnak.]"
(Felsőrekecsin, 1986. P. P. P. 16 éves)

Kézzel írott, apától örökölt
énekeskönyv.
A fiatal nemzedék már nem tud olvasni
magyarul.

Moldvai csángó magyarok

Írta: Domokos Pál Péter

Az Erdély keleti és déli határán, a Szeret forrásvidékétől egészen a Vaskapuig húzódó Kárpát-gerinc, a Duna Fekete-tengerig futó bal partjával, majd a Prut folyó teljes jobb parti oldalával körülzárt területen 1068-ban a kun nép alapította meg országát, melyet latinosan Kumániának neveztek.

Ez a szomszédság az Árpád-ház kihalása utánig, Kunország déli része Havaselve nevű vajdaságának 1324-ben történt megszervezéséig és a Kunország északi részéből Karabogdánia, későbbi nevén Moldva 1352-ben történt vajdasággá fejlődéséig tartott.

Erdély együttes területén István király századában a már megkeresztelt magyar nép él, hozzá tartoznak a székelyek is, Kunországban pedig a pogány kun nép.

Az új szomszéd három alkalommal Erdélyre tör, de a magyar királyok (először Salamon 1068-ban Kerlésnél – költőinknél: Cserhalom –, másodszor és harmadszor Szt. László király 1085-ben a Szabolcs megyei Bökönynél és 1091-ben a Temes folyónál a Pogáncs vize mellett) a sok foglyal és rablott holmival hazafelé tartó kun sereget tönkreverik, és Magyarországról kiűzik.

1162 körül II. Géza magyar király Flandria és a Rajna vidékéről németeket hív be az országba, s Szeben, valamint Beszterce vidékére telepíti őket (erdélyi szászok).

A XII. század végén a kunok ismét Magyarországra törnek, és a Barcaságot elpusztítják.

II. Endre, látván, hogy országának keleti részét állandó veszedelem fenyegeti, határvédelemre 1211-ben meghívta a Német Lovagrendet, melynek vezére Hermann de Salza nagymester volt, ki éppen Jeruzsálem visszafoglalására készült. A határvédelmet a nagymester sok kiváltság ellenében elfogadta, és

védelemre állott a Barcaság körüli Kárpát-gerinc mindkét oldalán. A magyar király még abba is belement, hogy a lovagok lelki vezetését ne a területileg illetékes erdélyi katolikus püspök lássa el, hanem maga a római pápa. Ezzel ugyanis kiváltságos hely lett a terület, és a telepesek szívesebben mentek oda. A Lovagrend kiváltsága volt, hogy nem fizetett adót, a folyókon a sót ingyen szállíthatta, favárakat építhetett védelmi célból, a földben talált kincseken a királlyal osztozott. A nagymester és népe a sok kiváltságban a király gyöngeségét látta, és visszaélt vele. II. Endre fel is mondott nekik – a pápa tiltakozása ellenére –, ám az 1222. évi kalkai tatárcsata eredménye annyira megrémítette, hogy visszafogadta, még nagyobb kiváltságokkal halmozta el őket, sőt egész Kunországot átengedte nekik. A lovagok azonban oly durván élték az életüket, hogy a király bennük „kígyót látott kebelén, parazsat ölében és egeret tarisznyájában", így 1225-ben kiűzte őket a védővonalból, és helyükre magyar határvédőket telepített. Ezek a Kunországba telepített határvédő magyar katonák a mai Moldvában élő csángó magyarok legelső csírái. Ők a moldvai és hétfalusi csángó magyarok ősei.

A pápa a pogányokból keresztényt akart formálni. A Domonkos-rend alapítója, Szent Domonkos hallván a pápa tervét, nyomban ajánlkozott rendjével együtt a kunok megtérítésére: ő maga vezetné az első kun missziót. Tanulta a kunok nyelvét, és szakállt is növesztett. Rendje azonban gyöngesége és kora miatt mégsem engedte útjára. Az első kun missziót, amely a kunok közé merészkedett, leölték. A második misszió eredményre jutott, és megnyerte az egyik kun fővezért, Borz Membrókot, ki hajlandó volt mind maga, mind családja, mind egész népe nevében felvenni a kereszténységet. Fiát kis kun csapattal s néhány dominikánus baráttal Magyarországra, az esztergomi érsekhez küldte azzal, hogy kérjék meg a magyar prímást, jöjjön Kunországba, áldott kezeivel keresztelje meg a kun népet, és szenteljen a kunoknak püspököt is. Róbert érsek engedélyt és felhatalmazást kért a Szentatyától. A pápa legátusává nevezte ki őt, és felhatalmazta, hogy mindent tegyen meg, amit szükségesnek lát. Róbert pápai legátus maga mellé vette Béla királyfit, a trónörököst (a későbbi IV. Bélát), a veszprémi, pécsi, erdélyi püspököt, papságot, népet és kevés katonaságot, s Kunországba indult velük.

Milkó városában rátalált Borz Membrókra és családjára. Megkeresztelte őket. Megkeresztelte a kun népet is. Theodorik néven szentelt egy püspököt. Béla királyfi keresztapai minőségben fogadta atyja nevében a kun nép hódolatát. A kun nép ama pillanat óta hódolt népe a magyar királynak, ki címei között hordta a „Rex Cumaniae" címet is. Róbert érsek, pápai legátus, dolga végeztével nem hagyhatta a frissen szentelt püspököt egymagára a félig még pogány néppel. Egy komolyabb csoport maradt az új püspök segítségére. Ez volt a második magyar csoport, mely Kunországba került, és azóta is utódaiban ott él. Ők szintén a moldvai, valamint a hétfalusi csángó magyarok ősei.

Róbert érsek, hazatérvén, jelentette a pápának útja sikerét. A Szentatya három levélben köszönte meg a segítséget: első levele magának Róbert esztergomi érseknek, a második Béla királyfinak, a harmadik pedig a dominikánusok magyarországi fejének szólt.

1239-ben mintegy 40 ezer kun család Magyarországra való áttelepülésre kért engedélyt. Meg is kapták és le is telepedtek. Helyükre a Balkánról pásztornép vándorolt. E nép az ortodox vallást követte. Kunország egész területén szétszóródtak. Közülük egyre többen Erdélybe is föláramlottak.

1246-ban Szörénytornyán már említik a második római katolikus püspökséget a volt Kunország legnyugatibb csücskében. Az albigens vallás hirtelen megjelenését és gyors terjedését igyekeztek ezzel mérsékelni. A Szörényi bánságban alapított püspökséggel egy időben a többnyire lakatlan vidékre számos magyar költözött, a földrajzi neveket is többnyire ők adták. Nagyszámú, ma is élő dűlő- és helynév tanúskodik erről. Havaselvén hasonlóképpen sok a magyar eredetű dűlő- és helynév. Egy egész vármegyényi területét »Secuieni«-nek

(Székelyföldnek) nevezték a legkorábbi időkben odaköltözött magyarok, az elnevezés a XIX. század végéig használatban volt. E magyarok szintén a moldvai és barcasági, a ma is Moldvában élő csángó magyarok ősei.

A XIV. században a megnevezett két román vajdaság a török hódítás útjába kerül, és a vajdák hűbéruruk, a magyar király oltalma alá próbálnak menekülni. Hűségükben azonban már Hunyadi Jánosnak is csalódnia kellett.

A XV. század elején Husz János Prágában az angol Wycliffe tanítását saját felfogására alakítva új vallást hirdetett meg. A magyar királyok nem tűrték az új tanítást, és a huszitákat kiűzték Magyarországról. Legerősebb fészkük épp a Szörényi bánság volt. Két papjuk, Tamás és Bálint vezetésével sokan kivonultak Magyarországról. Havaselvén végighaladva Moldváig jutottak, és ott Jó Sándor vajdától befogadást kértek; ezt meg is kapták. A huszita magyarok a Prut folyó partján telepedtek le és megalapították Husz városát. A sokat emlegetett Dnyeszter-parti Csöbörcsökre és vidékére néhány magyar falu lakossága Husz város környékéről vándorolt ki.

A husziták magyarra fordították a Bibliát. Az eredeti fordítás lappang valahol, de előkerült egy másolata, mely *Müncheni Kódex* néven ismert. Záró szakasza megmondja, hogy ki, hol és mikor írta le a fordítást.

1571-ben Tatros város plébánosának, a szegedi származású Thabuk Mihály ferencesnek sikerült Husz és Román vásárvárosokból, valamint azok környékéről mintegy kétezer huszitát visszatéríteni a katolikus hitre. Ezt Vaszari György, a kamenieci lengyel püspök magyar titkára jelenti az apostoli nunciusnak. A visszatértek lelki gondozására tizenkét felszentelt papot kért.

Erdély és Moldva műveltségében a XVII. századig meghatározó súlya volt a római katolikus vallásnak. Ez idő tájt azonban megjelenik a reformáció, mely hamarosan szinte egész Erdélyt elárasztja. A moldvai magyarság megmarad katolikusnak.

Havaselve és Moldva katolikusainak lelki vezetését

a XVI. század végétől a bakói püspökség veszi gondozásba. A bakói püspökség – minthogy Milkót a tatárok teljesen elpusztították – mintegy örökösként kezdi meg életét és jogutódaiban ma is él. A lelki gondozást az obszerváns (szigorú) és a konventualista (minorita) ferencesek végzik. A ferencesek két ága (a könnyebb és nehezebb szabályok szerint élők) ellentétben állnak egymással. 1531 és 1572 között a bakói püspök legfőbb segítői, sőt a bakói ferences kolostor főnökei obszervánsok, akik Csíksomlyóról jöttek, és Moldvában éppen úgy otthon voltak bakói kolostorukban, mint a Havaselvén fekvő Tîrgoviştén. Később a minoriták kezébe kerül a missziós munka.

Az Erdélyből kiűzött magyar jezsuitáknak különösen kiváló patrónusa akadt az olasz Bartolomeo Brutti, a vajda kancellárja személyében. Vajdáját, Petru Schiopot olyannyira megnyerte a katolikus ügynek és a jezsuitáknak, hogy az Terebes községét ötven magyar katolikus családdal, két malommal és két szőlővel nekik ajándékozta. Brutti két saját faluját átengedte a jezsuitáknak. A vajda egy Jászvásárott építendő jezsuita iskola számára segítséget ígért: nyolcszáz munkást bocsátott rendelkezésre. Ebben az időben készült egy kimutatás Moldva lakóiról, amely a katolikusok lélekszámát közel 50 ezerben állapítja meg. A kimutatás aljára Brutti saját kezével odaírta: „csángók". Brutti olasz nyelvű leveleiből tudható meg, hogy az 50 ezer moldvai lakos közül 20 ezer a magyar katolikus.

A reformáció végül Moldvába is eljutott, s a lutheránus Sommer nevű levita Kutnár városában ekkor alapította a két moldvai vajdaság legelső iskoláját.

Róma a protestáns hatások kivédésére misszionáriusokat küldött. E célból alapította 1622-ben a Hitterjesztés Szent Kongregációja, a „Sacra Congregatio de Propaganda Fide" nevű intézményt. A misszionáriusokat a Szentszék olyan országokba és területekre küldte, ahol az államvallás nem a katolikus volt: a „hitetlenek" területére, „in partibus infidelium", azzal a feladattal, hogy az ott élő katolikusok számára a vallásgyakorlat engedélyezését kényszerítsék ki. Minthogy a két román vajdaság görögkeleti államvallást követett, Róma oda is misszionáriusokat küldött, főként a konventualista (minorita) ferencesek rendjéből, kik egy „missziós főnök" vezetésével érkeztek működésük helyszínére. Ennek fő kötelessége volt, hogy minden évben írásbeli jelentést küldjön az ország valamennyi eseményéről. Fontos írások ezek, hiszen a Szent Kongregáció levéltárában 1622-től kezdve tájékoztatnak a két vajdaság katolikusainak lelki és életkörülményeiről.

Az 1623 és 1895 közötti időszakból ötvennél több Moldvában működő missziós főnök nevét ismerjük, de közöttük egyetlen magyar név sincs. A legfőbb baj az volt, hogy az olasz misszionáriusok nem értették magyar híveik nyelvét. A gyónás „ita"-ra és „non"-ra egyszerűsödött, aminek se a gyónó, se a gyóntató nem vette semmi hasznát. Évszázadokon át hiába könyörögtek anyanyelvükbeli papért a moldvai csángó magyarok, nem kaptak... A legelső jelentést Bogoslavits András küldte. Írja, hogy Bakó városában 100 magyar katolikus ház áll, két falu is ide tartozik 86 házzal, kik mind magyar katolikusok. Román városában 72 magyar katolikus ház áll. Szucsavában két templom és 68 magyar ház található. Moldvában 15 katolikus templom áll, 1010 katolikus ház, egész Moldvában 26 630 lelket számlálva. Az egyik fontos jelentést Marcus Bandinus érsek küldötte 1646-ban. Codex Bandinus néven ismert írása a bejárt helységeket híven érzékelteti, jellegzetességeiket rögzíti, az ott élő 1020 családfő nevét is megadja. E névsor az egyik legértékesebb forrás abból az időből a moldvai csángó magyarokra vonatkozóan. Petrus Deodatus, Moldva és Havaselve volt vikáriusa 1641-ben járta be e területet, és talán Bandinusnál is részletesebb jelentést küldött megbízójának, a Szent Kongregációnak.

A Szent Kongregáció külső embereket is kért föl tájékoztatásra. Álljon itt egy eredetileg latin nyelvű tájékoztatás néhány részlete Kálnoki Sámuel udvari kancellárius jelentéséből: „Feljegyezzük a Szent Kongregáció számára" – írja –, „hogy Moldvában

Bakó városában, a püspöki székhelyen a templomot a megáradt Beszterce elpusztította. Temploma és plebániája van: Tatros, Sztánfalva, Gorzafalva, Forrófalva, Terebes, Szabófalva, Románvásár, Jászvásár, Kutnár, Husztváros, Galac, Nemc, Szucsava és Moldvabánya helységeknek és itt, ezekben a községekben a legbuzgóbb magyar nép él, akiknek legnagyobb nehézségük az, hogy papjaik nem tudják sem a magyar, sem a román nyelvet, s így a misszionárius atyáknak ezeken a nyelveken nem tudnak gyónni, mert az atyák nem értik az ő beszédjüket, se nem tudnak szentbeszédet mondani a tisztelendő páterek, amiért a schizmatikusok legtöbbjüket csúfolják. Ehhez pedig lelki veszedelem is járul, ha a Szent Kongregáció e nyelvekben jártas papokat vagy misszionáriusokat nem küld, mint amilyen a magából Moldvából származó, magának a Kongregációnak neveltje: Berkuce és Vulfius (Wolf) atya főtisztelendő páterek. Ezen lelki veszedelmekről az erdélyi katolikus státus a Szent Kongregációt informálja.

Erdélyben, Székelyföldön, Esztelnek községben a misszionárius atyák rezidenciájában néhány évvel ezelőtt a Szent Kongregáció segítségével és katolikus patrónusokéval humaniorák iskoláját alapították, folytatólagosan két tanítót tartván, akiknek a fizetését és javait a Szent Kongregáció fizeti.

Ez a leghasznosabb befektetés, mert az odajutó ifjúság között moldvai fiúk is nevelkedvén, kimehetnek a moldvai plébániákra."

De írnak panaszlevelet maguk a moldvai csángó magyar katolikusok is magyar és párhuzamosan latin nyelven. Íme 1671 októberében írott levelük magyar szövegének egy részlete mai helyesírás szerint átírva: „Mi, szabófalvi keresztyének az öt faluval együtt alázatosan és töredelmesen szívből akarjuk nagyságtoknak és Szentségteknek nyomorúságos életünket jelenteni.

Mi nekünk az mi életünk hasonló az oktalan barmokhoz, kik soha az Istent dicsérni nem tudják, hanem csak az oktalanságban élnek. Azért könyörgünk alázatosan Nagyságtoknak és Szentségteknek és az Szent Gyülekezetnek, hogy az mely misszionárius barátokat Szentségtek és az Szent Gyülekezet ide küldött, azok erő hatalommal akarnak rajtunk lakni, nem úgy viselik magukat az mint az Regula kévánná, hanem részegesek, asszonyember után járók, azokkal konverzálkodnak, rút fertelmes életet viselnek, mely minden embereknek, de mi nekünk magyaroknak leginkább nagy botránkozásunkra vagyon: nem vehetünk tőlük semmi lelkünk üdvösségére való gyümölcsöt, úgy akarnak, hogy erővel lakjanak rajtunk. Az elmúlt esztendőben tartottunk egy jámbor papot. Hírünk nélkül Pater Vitus cum Joanne Baptista ráment az parókiális házra, az papot megfogták, vasban verték s vitték Lublinba, az melyet most is ott tartnak fogságban, ennek semmi vétke nem lévén, hanem csak az jámborságáért. Az mi püspökünkről nem akarnak dependeálni, azt mondják semmit nem adnak rajta, vagyon nekik prefektusuk."

Az 1764. január 6-i madéfalvi vérengzés, a Siculicidium (székelyek leöletése) után a Moldvába menekült székelyek lelki gondozását Zöld Péter szervezte meg: börtönbüntetésre ítélték, de megszökött, és hívei után ment Moldvába. Öt év alatt bejárta Moldva valamennyi csángó magyar faluját, és Erdély püspökének, Batthyány Ignácnak 1780. október 7-i felhívására később jelentést tett tapasztalatairól: „Excellenciádnak hozzám intézett levelét... hódolatteljes tisztelettel vettem... Mielőtt a kérdésekre felelnék, előre kell bocsátanom:

És pedig először, hogy ezen Erdélyi Fejedelemségből az 1420. évben, Zsigmond magyar király alatt (amint a hazai krónikák és kalendáriumok bizonyítják) sok magyar, helyesebben székely és szász Moldvai Fejedelemségbe vándorolt be, és ott magának tartózkodási és lakóhelyet alkotott. Ezen magyarok és szászok a lelkiekben részint az akkor virágzásban lévő bakói, részint pedig a milkói püspök joghatóságának voltak alávetve. Majd az idők folyamán részint a felföldi forradalmak, részint a tatár és török háborúk miatt, midőn azok a püspökségek megszűntek, azon magyarok és szászok utódai oly kevés számúakká lettek, hogy a szászoknak még a neve is elenyészett, és lakóhelyeik s lakásaik teljesen elhagyottakká lettek. A magyarok maradványai pedig jelenleg kilenc plébániára felosztva és azon Fejedelemségben szétszórva, magokat »csángó magyar«-oknak nevezték és nevezik mai nap is, nemkevésbé tartja magát közöttük őseik hagyományai szerint az is, hogy közöttük sok család szász eredetű, amiről Forrófalván és Kótyeren maguk a családnevek is bizonyságot látszanak tenni, de senki közülük nem beszéli a szász nyelvet, hanem mindnyájan a moldvait, vagyis az oláht éppen úgy ismerik és beszélik, mint a magyart, jóllehet ezt sokban eltérőleg ejtik ki, mint mi magunk.

Másodszor. Miután azon püspökségek, mint előbb mondottuk, megszűntek, a bakói püspöki címet, ahogy az alább leírandó misszionárius atyák teljesen biztos értesüléséből tudom, Lengyelországban mindig egy leopoldisi (lembergi) kanonok viseli, ki ezen moldvai misszió páter prefektusát mindig meg szokta tenni a lelkiekben általános helynökévé. Mégis ezen misszionárius atyák közvetlenül a hitterjesztés római szent kongregációjától a konventuális szent Ferenc-rend római tartományából küldetnek, mind tisztán olaszok, kik sem az oláh, sem a magyar nyelvet nem tudják beszélni és azt a kilenc magyar plébániát teljességgel nyomorultan és lanyhán szolgálják; nyomorultan, mondom, a nyelvek nem tudása miatt és lanyhán, mert inkább áhítoznak a pénz összeseprése, mint a lelkek megnyerése után…"

Zöld Péter joggal hangsúlyozza: a moldvai katolikusokon csak úgy lehet segíteni, ha a Szent Kongregációnál kieszközlik, hogy az olasz misszionáriusok helyett Erdélynek akár világi, akár szerzetesi papságából a magyar és oláh nyelvet egyformán beszélő papok küldessenek. Legjobbak az obszerváns ferences atyák lennének, akik között mindig akadnak több nyelven szólni tudók. Nélkülük csak „név szerinti" katolikusokról lehet beszélni. A Zöld Péter levelét közvetítő püspöki átiratra pápai intézkedés történik: a Szentatya rendelete értelmében minden misszionárius, működésének megkezdésétől számított hat hónapon belül a missziós területén élő

nép nyelvéből vizsgát köteles tenni, mely vizsga nélkül nem működhetik tovább. A pápai rendelkezésnek azonban gyakorlati haszna nem volt.

A XVIII. század végén az osztrák Otzellowitz kapitány katonai térképet készített Moldváról, amelyen az egyes községekben a házakat is föltüntette. Ausztria konzulokat küldött Jászvásárra, akik számszerűleg nyilvántartották a lakosságot, így a csángó magyarokat is. Gatti konzul 1801-ben 13 059 katolikus magyar lélekről ad számot. Raab konzul 1822-ben már 40 ezer magyart említ. E jelentős lélekszám már a missziós főnököket is gondolkodóba ejtette. Paroni Fülöp János Erdélybe utazik, és fölkeresi Studer Rudolf magyar minorita főnököt. Szerződést kötnek, amelynek értelmében a magyar minorita rend évenkint hat minorita szerzetest küld Moldvába, és ezek ellenében a moldvai rend évi 100 tallért fizet. Rövid életű volt a szerződés. Ha elmaradt a fizetség, nem indult a minorita…

E tárgyalásra Paroni a tatrosi plébánost, Pap Simon minoritát vitte magával, Studer mellett pedig a csíktapolcai származású P. Gegő Elek volt jelen. A két kísérő egymással is megtárgyalta a moldvai katolikusok vallásgyakorlási körülményeit. Gegő a Tudományos Akadémia levelező tagja, előadta az Akadémián is mindazt, amit Moldváról hallott. Az Akadémia pedig újfent Moldvába küldte őt, hogy „mindent nézzen meg és hallgasson meg". Gegő bejárta a maga útját, megtette jelentését; majd az Akadémia saját kiadványaként jelentette meg Gegő könyvét Budán, 1838-ban, *A moldvai magyar telepekről* címen. Gegő könyve, mely néprajzilag és történetileg egyaránt ismerteti Moldvát, sőt az 1646-ból származó *Codex Bandinus*ra is fölhívja a figyelmet, nagy hatást gyakorolt. Az Akadémia volt titkára, Döbrentei Gábor is fölfigyelt. Borszéken, a híres Csík megyei fürdőhelyen összeismerkedett a szintén egészségügyi okokból ott tartózkodó Arduini moldvai püspökkel, valamint annak titkárával, Petrás Incze Jánossal. Döbrentei Petrásnak 38 kérdést tett föl, Petrás két nap leforgása alatt püspökével is jóváhagyott *Felelet*ben válaszolt. Ez a *Felelet* a *Tudománytár* 1842-i

Függelék

A szerző 1977 és 1987 között az alábbi csángó magyar falvakat járta be 6000 felvételt készítve:

ÉSZAKI CSÁNGÓK:
Jugán (Iugani), Kelgyeszt (Pildeşti), Szabófalva (Săbăoani), Újfalu (Traian), Ploszkucény (Ploşkuţeni), Jazu Porkuluj (Iazu Porcului).

DÉLI CSÁNGÓK:
Bakó (Bacău), Bogdánfalva (Valea Seacă), Albény (Albeni), Bukila (Bucila), Gyoszény (Gioseni), Nagypatak (Valea Mare), Trunk (Galbeni), Szekatura (Secătura), Újfalu vagy Ferdinánd (Nicolae Bălcescu).

SZÉKELYCSÁNGÓK:
Bergyila (Berdila), Lészped vagy Lécped (Lespezi), Lilijegy vagy Liliecs (Lilieci), Mardzsinén (Mărgineni), Kalugarén vagy Kalugerpatak (Călugăreni), Furnikár (Furnicari), Tamás (Tămaşi), Lábnyik (Vladnic), Ketris (Chetrişu), Podoros (Podu Roşu), Gajcsánához tartozó Magyarfalu (Unguri, újabban Arini), Lujzikalugar (Luizi Călugăra), Oszebic (Osebici), Forrófalva vagy Kákova (Fărăoani), Klézse (Cleja), Somoska (Somuşca), Kispatak vagy Pokolpataka (Valea Rea), Újfalu vagy Dózsa (Doja), Csík (Ciucani), Berendfalva vagy Beringyest (Berindeşti), Felsőrekecsin vagy Külsőrekecsin (Fundu Răcăciuni), Kápota (Capăta), Nagyrekecsin (Răcăciuni), Szászkút (Sascut), Csügés (Ciugheş), Dormánfalva (Dărmăneşti), Mojnest (Moineşti), Bogáta (Bogata), Szlániktorka (Gura Slănicului), Szlánikfürdő (Băile Slănic), Cserdák (Cerdac), Templomfalva (Biserica Slănic), Pakura (Păcurele), Fűrészfalva (Ferestrău), Gorzafalva (Oituz), Bahána (Bahna), Szitás (Nicoreşti), Újfalu (Satu Nou), Diószeg (Tuta), Szöllőhegy (Pîrgăreşti), Onyest (Oneşti-Gh. Gheorghiu Dej), Frumósza (Frumoasa), Kukujéc (Cucueţi), Tatros (Tîrgu Trotuş), Pusztina (Pustiana), Ripá Jépi (Rîpa Iepii), Szerbek (Sîrbi), Árdeván (Ardeoani), Jenekest (Enăcheşti), Esztrugár (Strugari), Máriafalva (Lărguţa), Berzujok (Bărzuleşti), Gajdár (Găidar), Komán (Coman), Turluján (Turluian), Esztufuj (Stuful), Berzunc (Berzunţi), Balanyásza (Bălăneasa).

A szerző által be nem járt falvak:

ÉSZAKON:
Bargován (Bîrgăuani), Dochia

SZÉKELYCSÁNGÓ FALVAK:
Terebes (Trebiş), Glodurile, Brusztorósza (Brustoroasa), Lunca Mojnest (Lunca Moineşti), Valéjá Kimpuluj (Valea Cîmpului), Vále Száka (Valea Seacă), Gutinázs (Gutinaş), Borzest (Borzeşti), Práléja (Pralea), Vizánta (Vizantea Răzăşească), Köves vagy Kövesalja (Petricica), Valiri (Valea Rea), Pojána Nukuluj (Poiana Nucului).

A felsoroltakon kívül még találhatók magyar szórványok Moldvában.

A szövegben szereplő egyéb földrajzi nevek idegen, ill. magyar megfelelője:
Csöbörcsök (ukránul: Kubjerzi, románul: Ciubărciu), Esztelnek (Estelnic), Galac (Galaţi), Husztváros (Huşi), Jászvásár (Iaşi), Kótyer (Coteni), Kutnár (Cotnari), Moldvabánya (Baia, ma Moldva), Neamţ, ill. Piatra-Neamţ (Karácsonkő), Prezest (Prăieşti), Sztánfalva (Stăneşti), Szucsava (Suceava), Tîrgu-Neamţ (Németi).

A térkép az alábbi kiadványok alapján készült:

1. Kós–Szentimrei–Nagy: *Moldvai csángó népművészet.*
   (Kriterion, 1981)
2. Márton Gyula: *Igetövek, igei jelek és személyragok
   a moldvai csángó nyelvjárásban.* (Kriterion, 1974)
3. Faragó–Jagamas: *Moldvai csángó népdalok és
   népballadák.* (Kolozsvári Folklór Intézet kiadása,
   1954)
4. Lükő Gábor: *A moldvai csángók I.* (Budapest, 1936)
5. Románia atlasza (Turisztika és Sport Kiadó, 1979)

JAZU PORKULUJ

▲ JUGÁN
† SZABÓFALVA
KELGYESZT ▲
BARGOVÁN ● ▲ ÚJFALU

▲ DOCHIA ■ ROMÁN

● BALUSEST

● KALUGARÉN

BESZTERCE
SZERET

● BERGYILA
GERLÉN
FRUMÓSZA ● LÉCPED ● ● LILIECS
KUKUJÉC ◆ † RIPÁJÉPI
MARDZSINÉN ◆
PUSZTINA ● SZEKATÚRA ■
SZALONCKA ● ■ BACĂU
SZERBEK ●
ESZTRUGÁR ● ● LUJZIKALUGÁR
BRUSZTURÓSZA ● ● OSZEBIĆ
● CSÜGÉS ARDEVÁN ● KÖVES ● FURNIKÁR
BERZUJOK ● ● MÁRIAFALVA
JENEKEST † ● ● ALBÉNY † TAMÁS
MOINESTI ■ GAJDÁR ● ● BUKILA BOGDÁNFALVA
TURLUJÁN ● KOMÁN ● ÚJFALU ■ KETRIS
LUNCA MOINESTI † GYIDRÁSKA ● NAGYPATAK ■ TRUNK ● LÁBNYIK
◆ GLODURILE ESZTUFUJ ● FORRÓFALVA ● GYOSZÉNY ● PODOROS
BERZUNC ● KLÉZSE ●
BALANYÁSZA ● SOMOSKA ● POKOLPATAKA
DORMÁNFALVA † DÓZSA GY. ●
CSÍK ●
VALEA CINPULUI ● KÜLSŐREKECSIN ●
DOFTÁNA ● † BERENDFALVA ● GAJCSÁNA ●
BOGÁTA ● PAKURA KÁPOTA ● ◆ REKECSIN
TATROS † POJÁNA NUKULUJ
TÎRGU OCNA ■ SZÖLLŐHEGY ● ■ ONYEST-GH.GHEORGHIU-DEJ
TEMPLOMFALVA ◆ DIÓSZEG ● BORZEST
SZLÁNIKTORKA ● ÚJFALU ●
CSERDÁK SZITÁS ● ● BAHÁNA ● VÁLE SZÁKA SZERET
SZLÁNIKFÜRDŐ ● GORZAFALVA ● GUTINÁZS ◆
FÜRÉSZFALVA ● SZÁSZKÚT ●
● ZÖLDLONKA TATROS

▲ ÉSZAKI CSÁNGÓK

■ DÉLI CSÁNGÓK ● PRÁLÉJA ■ ADJUD

● SZÉKELY-CSÁNGÓK ▲

■ ◆ ▲ ELROMÁNOSODOTT FALUK PLOSZKUCÉNY

† ▲ ● ERŐSEN ROMÁNOSODÓ, FOGYÓ FALUK ● VIZÁNTA

Fontosabb irodalom

BOSNYÁK SÁNDOR: *Adalékok a moldvai csángók népi orvoslásához.* Budapest, 1973. Orvostörténeti Közlemények. *A moldvai magyarok hitvilága.* Budapest, 1980. Folklór Archívum

CSŰRY BÁLINT: *Növénynevek Bogdánfalváról.* Magyar Nyelv, 29. 1933

DOMOKOS PÁL PÉTER: *A moldvai magyarság.* Csíksomlyó, 1931

DOMOKOS PÁL PÉTER–RAJECZKY BENJAMIN: *Csángó népzene,* I. k. Budapest, 1956. II. k. Budapest, 1961

DOMOKOS PÁL PÉTER: „*...édes Hazámnak akartam szolgálni...*"
1. Kájoni János: Cantionale catholicum.
2. Petrás Incze János: Tudósítások. Budapest, 1979. Szent István Társulat

FARAGÓ JÓZSEF–JAGAMAS JÁNOS: *Moldvai csángó népdalok és balladák.* Bukarest, 1954

GEGŐ ELEK: *A moldvai magyar telepekről.* Buda, 1838

GUNDA BÉLA: (A határainkon kívüli magyar néprajzi kutatások.) T. I. T.
A moldvai magyarok néprajzi kutatása. Néprajzi füzetek, Budapest, 1984

GYŐRFFY ISTVÁN: *Moldva.* Földrajzi közlemények, 44. Budapest, 1916

HALÁSZ PÉTER: *A moldvai magyarok kendermunkája.* Népi kultúra – népi társadalom 7. Budapest, 1973

JERNEY JÁNOS *Keleti utazása a' 'Magyarok' őshelyeinek kinyomozása végett,* 1844 és 1845, Pesten. 1951, I–II. kötet

KALLÓS ZOLTÁN: *Hejgetés Moldvában.* Művelődés 31. 12. sz. Bukarest, 1968

Balladák könyve. Bukarest, 1970
Új guzsalyam mellett. Bukarest, 1973

KÓKA ROZÁLIA: *A lészpedi „szent leján".* (A hetvenes években gyűjtött anyag egy részének közlése 1982-ben). Tiszatáj, 36. 8. sz.

KÓS KÁROLY–SZENTIMREI JUDIT–NAGY JENŐ: *Moldvai csángó népművészet.* Bukarest, 1981

KOVÁCS GYÖRGY: *A szabadság útján. Moldvai csángók között.* Bukarest, 1950

LÜKŐ GÁBOR: *A moldvai csángók I. A csángók kapcsolatai az erdélyi magyarsággal,* Budapest, 1936

MÁRTON GYULA: *A moldvai csángó nyelvjárás román kölcsönszavai.* Bukarest, 1972

MIKECS LÁSZLÓ: *Csángók.* Budapest, 1941

RUBINYI MÓZES: *Adalékok a moldvai csángók nyelvjárásához.* Nyr. XXX. 57–65, 109–16, 170–82, 227–35.
Újabb adalékok a csángók nyelvjárásához. Nyr. XXXI 1–7, 82–7, 143–8, 202–8.

SZABÓ T. ATTILA: *Kik és hol élnek a csángók? Nyelv és múlt.* Válogatott tanulmányok, cikkek, III. Bukarest, 1972
A moldvai csángó nyelvjárás kutatása. Nyelv és irodalom. Válogatott tanulmányok, cikkek, V. Bukarest, 1981

ANDREI VERESS (VERESS ENDRE): *Scrisoriile Misionarului Bandini dîn Moldova 1644–1650.* Bucureşti, 1926

GUSTAV WEIGAND: *Jahresbericht des Instituts für Rumänische Sprache IX.* „Fremde Elemente in der Moldau", 1902

YRJÖ WICHMANN: *Wörterbuch des Ungarischen Moldauer Nordcsángó und des Hétfaluer Csángódialektes nebst grammatikalischen Aufzeichnungen und Texten aus dem Nordcsángódialekt,* herausgegeben von Bálint Csűry und Artturi Kannisto. Helsinki, 1936